Pulleys in My World

Poleas en mi mundo

Joanne Randolph

Traducción al español: María Cristina Brusca

The Rosen Publishing Group's
PowerKids Press™ & Editorial Buenas Letras™
New York

For Linda Lou and Lucas

Published in 2006 by The Rosen Publishing Group, Inc.
29 East 21st Street, New York, NY 10010

Copyright © 2006 by The Rosen Publishing Group, Inc.

First Edition

Book Design: Julio Gil

Photo Credits: Cover and p. 9 (flag) by Maura B. McConnell; cover (crane) © Arthur S. Aubry/Getty Images; cover (well) © Andrew Cowin; Travel Ink/Corbis; p. 5 © James P. Blair/Corbis; pp. 7, 19, 22 (crane), 22 (groove) by Cindy Reiman; p. 11 © Ric Ergenbright/Corbis; p. 13 © Bob Krist/Corbis; p. 15 © Digital Vision/Getty Images; p. 17 © Marc Garanger/Corbis; p. 21 © Royalty-Free/Corbis; p. 22 (blinds) Photodisc Green/Getty Images; p. 22 (laundry) © Tim McGuire/Corbis; p. 22 (well) © Eric and David Hosking/Corbis; p. 22 (window) © David Papazian/Corbis.

Library of Congress Cataloging-in-Publication Data

Randolph, Joanne.
[Pulleys in my world. Spanish & English] Pulleys in my world = Poleas en mi mundo / Joanne Randolph ; traducción al español, María Cristina Brusca.— 1st ed.
    p. cm. — (My world of science)
 Includes bibliographical references and index.
 ISBN 1-4042-3320-2 (library binding)
 1. Pulleys—Juvenile literature. I. Title.
TJ1103.R36 2006
621.8'11—dc22
                                              2005005974

Manufactured in the United States of America

Contents

Contenido

People use simple machines to help them do work. A pulley is one kind of simple machine. It can be used to lift and move heavy objects.

La gente usa máquinas simples que les ayudan a trabajar. Una polea es una máquina simple. Puede ser usada para levantar y mover objetos pesados.

A pulley looks like a wheel with a groove. A rope can be passed around this wheel. Something fixed to one side of the rope can be lifted by a person pulling on the other side.

Una polea parece una llanta que tiene una acanaladura. Alrededor de esta acanaladura pasa una cuerda. Cualquier objeto fijado a un extremo de la cuerda puede ser levantado por una persona que tire del otro extremo.

rope
—
cuerda

wheel
—
llanta

groove
—
acanaladura

7

A flag on a flagpole uses a pulley. The pulley is fixed to the top. A rope goes around the pulley. The flag is put on the rope. The flag can be moved up or down the pole using the rope.

El asta de una bandera usa una polea. La polea está en la punta del asta. Una cuerda pasa alrededor de la polea. La bandera se agarra de la cuerda. Cuando tiramos de la cuerda, la bandera se puede mover hacia arriba o hacia abajo del asta.

9

Have you ever seen a well? People use wells to get water that is under the ground. A well uses a pulley to help people lift the water from the bottom of the well.

¿Has visto alguna vez un pozo? La gente usa los pozos para sacar el agua que está debajo de la tierra. El pozo tiene una polea. La polea ayuda a la gente a levantar el agua que se encuentra en el fondo del pozo.

Some people hang their clothes on a line to dry. This line can be attached to a pulley. The person moves the laundry by pulling on the rope. This makes hanging clothes easier.

Algunas personas cuelgan sus ropas de una cuerda para secarlas al sol. Esta cuerda puede estar enganchada a una polea. Las personas mueven la ropa tirando de la cuerda. La polea hace más fácil el colgar la ropa.

pulleys
poleas

13

Your home may have coverings over the windows called blinds. Blinds are raised by pulling a rope attached to a pulley.

En tu hogar puede haber unas cubiertas en las ventanas llamadas persianas. Las persianas se levantan tirando de una cuerda que está agarrada de una polea.

15

A dumbwaiter uses a pulley to lift things, too. A dumbwaiter is a simple elevator. It can be used to move heavy things from one floor to another.

Un montacargas también usa una polea para levantar objetos. Un montacargas es un aparato elevador simple. Se utiliza para subir o bajar objetos pesados de uno a otro piso.

Have you ever seen a crane? Cranes are used for jobs like putting up buildings. Cranes have a tall arm that is used to lift heavy things. At the top of the arm is a pulley.

¿Has visto alguna vez una grúa? Las grúas se usan para realizar trabajos pesados como construir edificios. Las grúas tienen un brazo alto que se utiliza para levantar cosas pesadas. En la punta del brazo hay una polea.

Can you think of pulleys you see around you? Look at this picture. Can you find the pulleys here?

¿Puedes ver otras poleas a tu alrededor? Mira esta foto, ¿puedes decir cuáles son las poleas?

Words to Know
Palabras que debes saber

blinds

persianas

crane

grúa

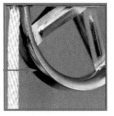

groove

acanaladura

laundry

ropa lavada

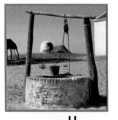

well

pozo

window

ventana